JEUX DIFFICILES

Labyrinthe Adulte

ActivityCrusades

Publié par Speedy Publishing Canada Limited

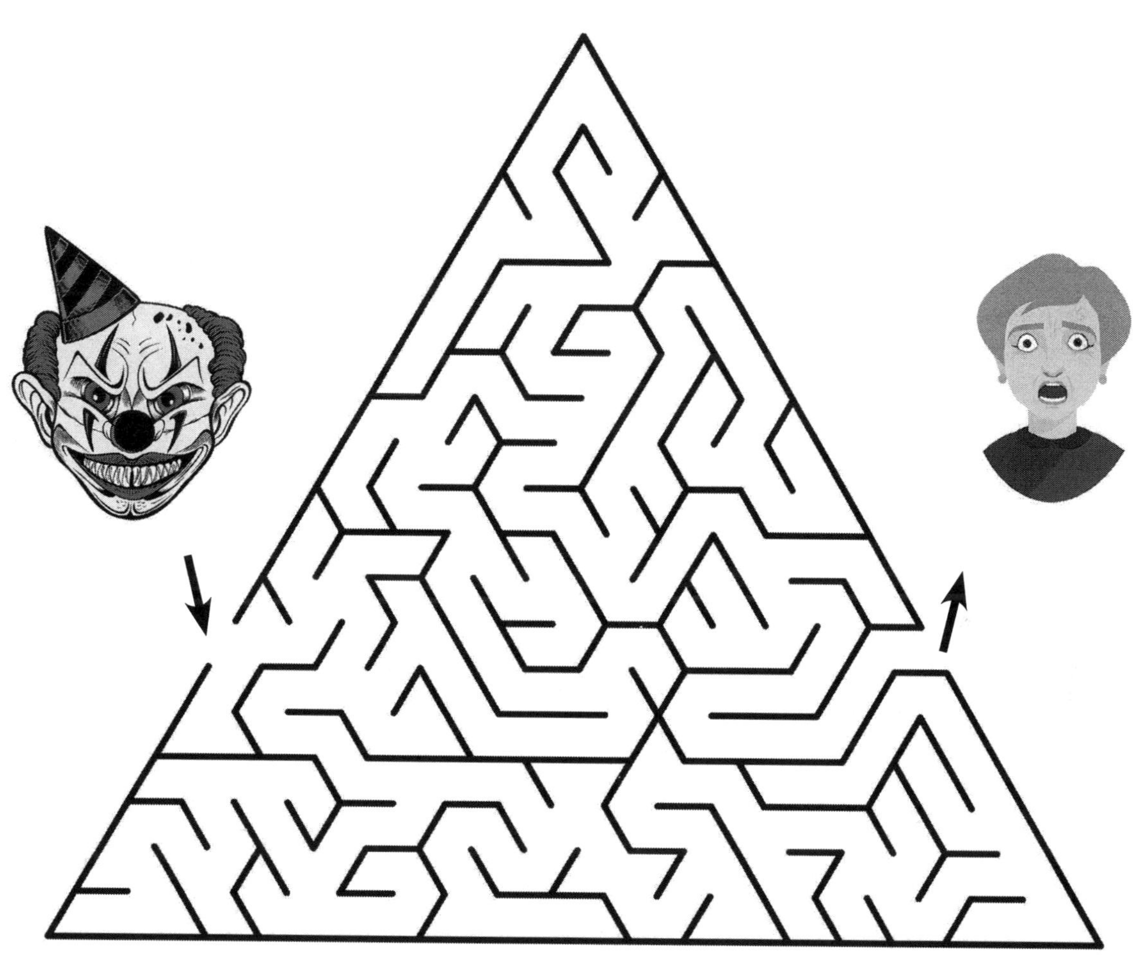

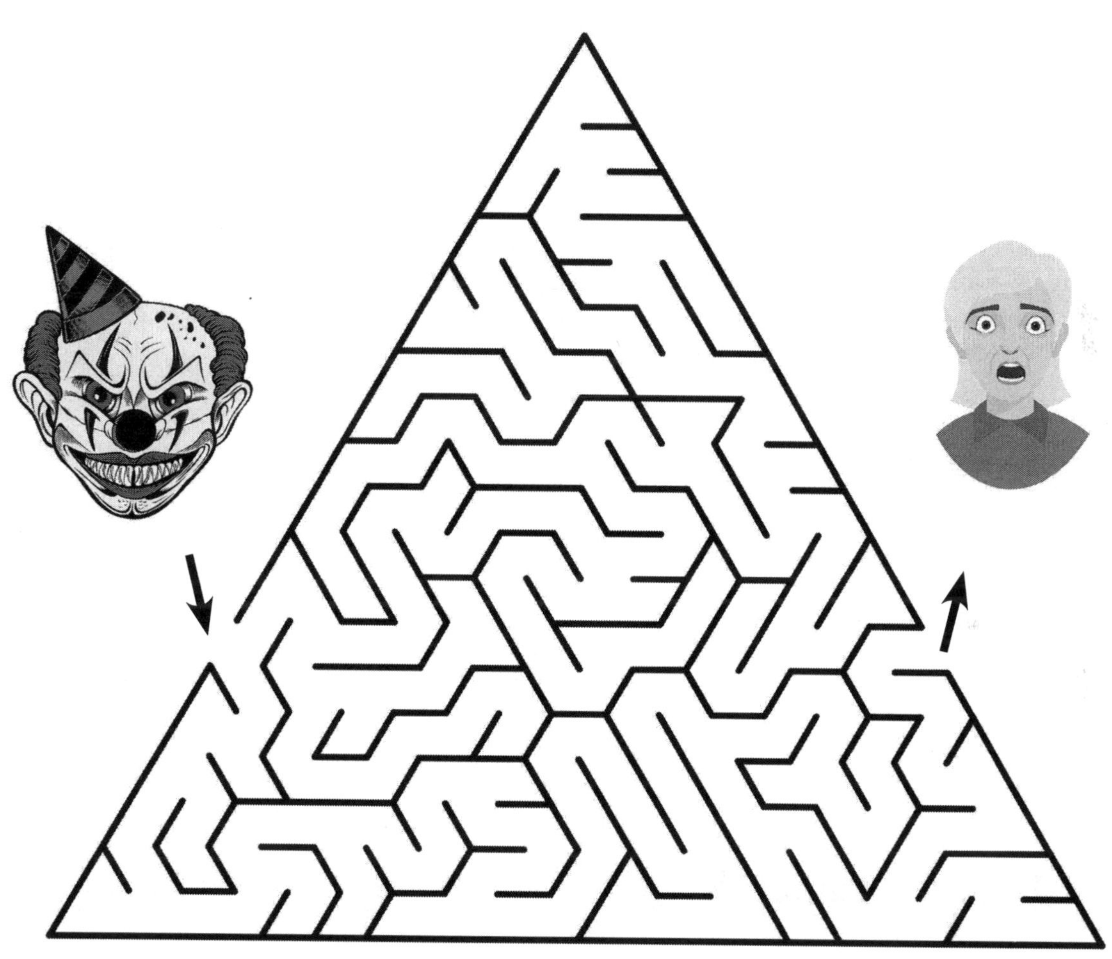

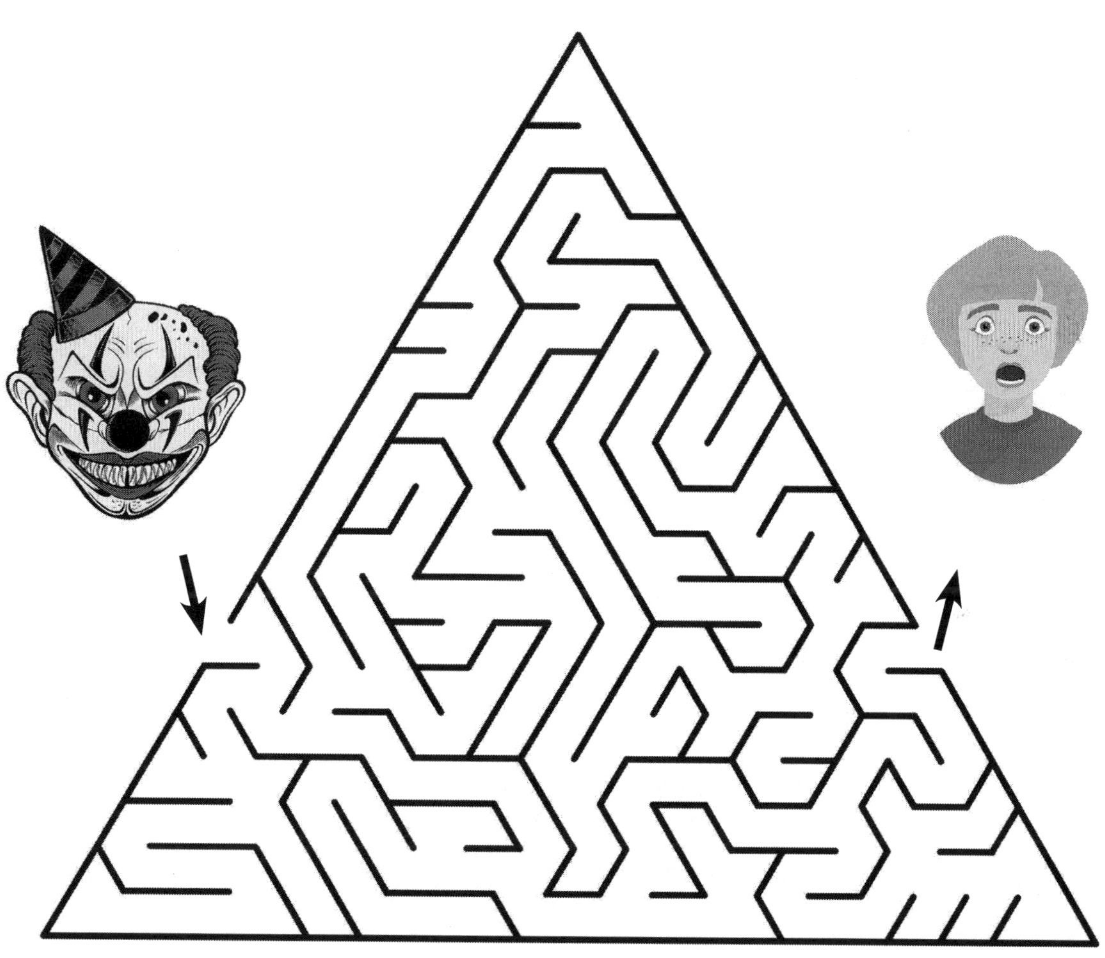

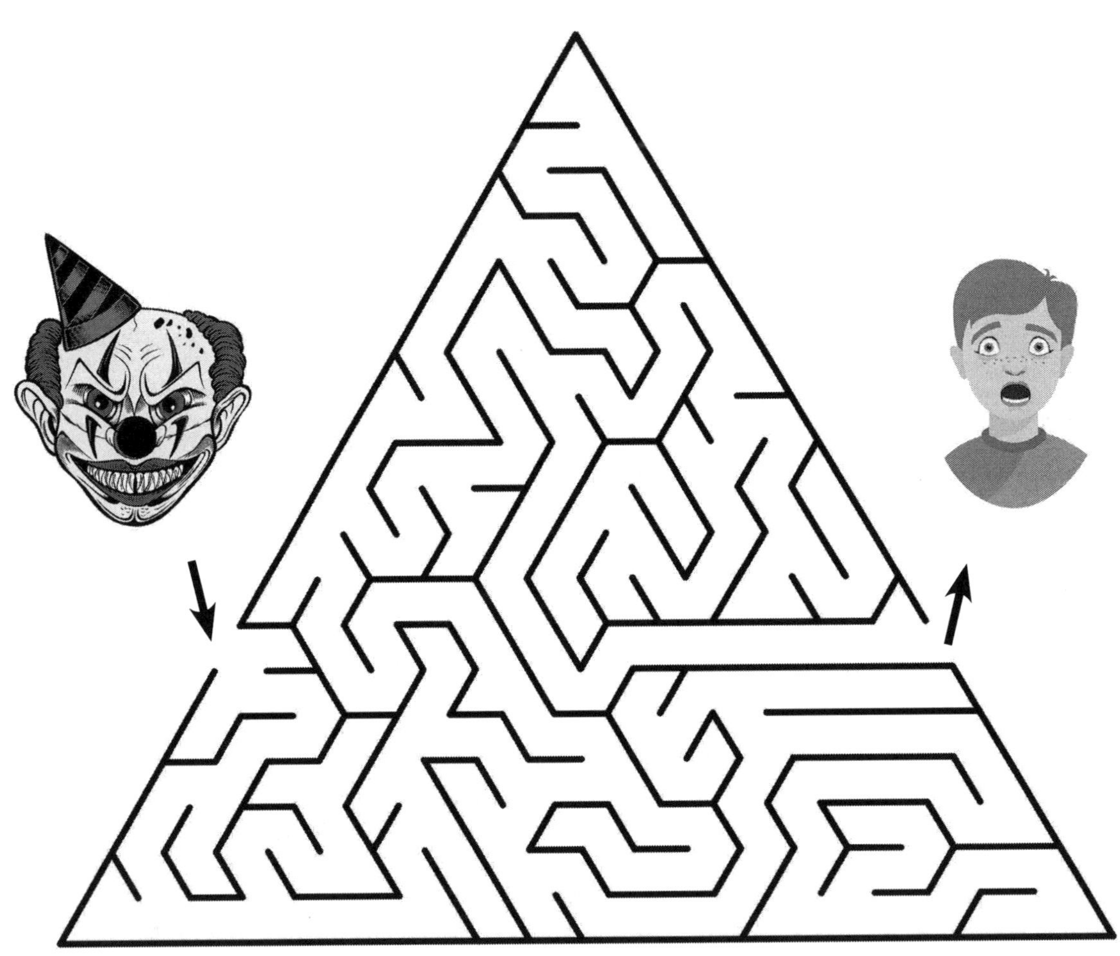

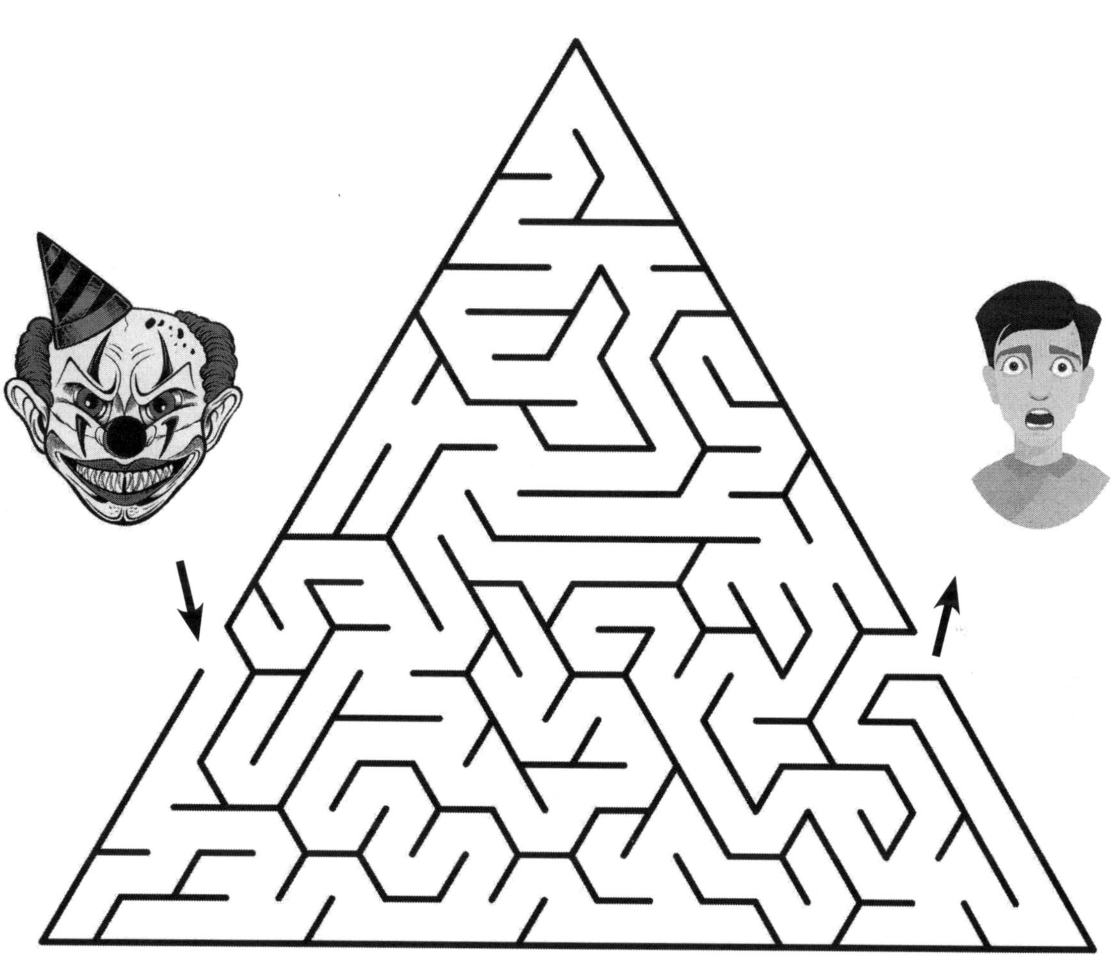

1

2

3

4

5

6

7

8

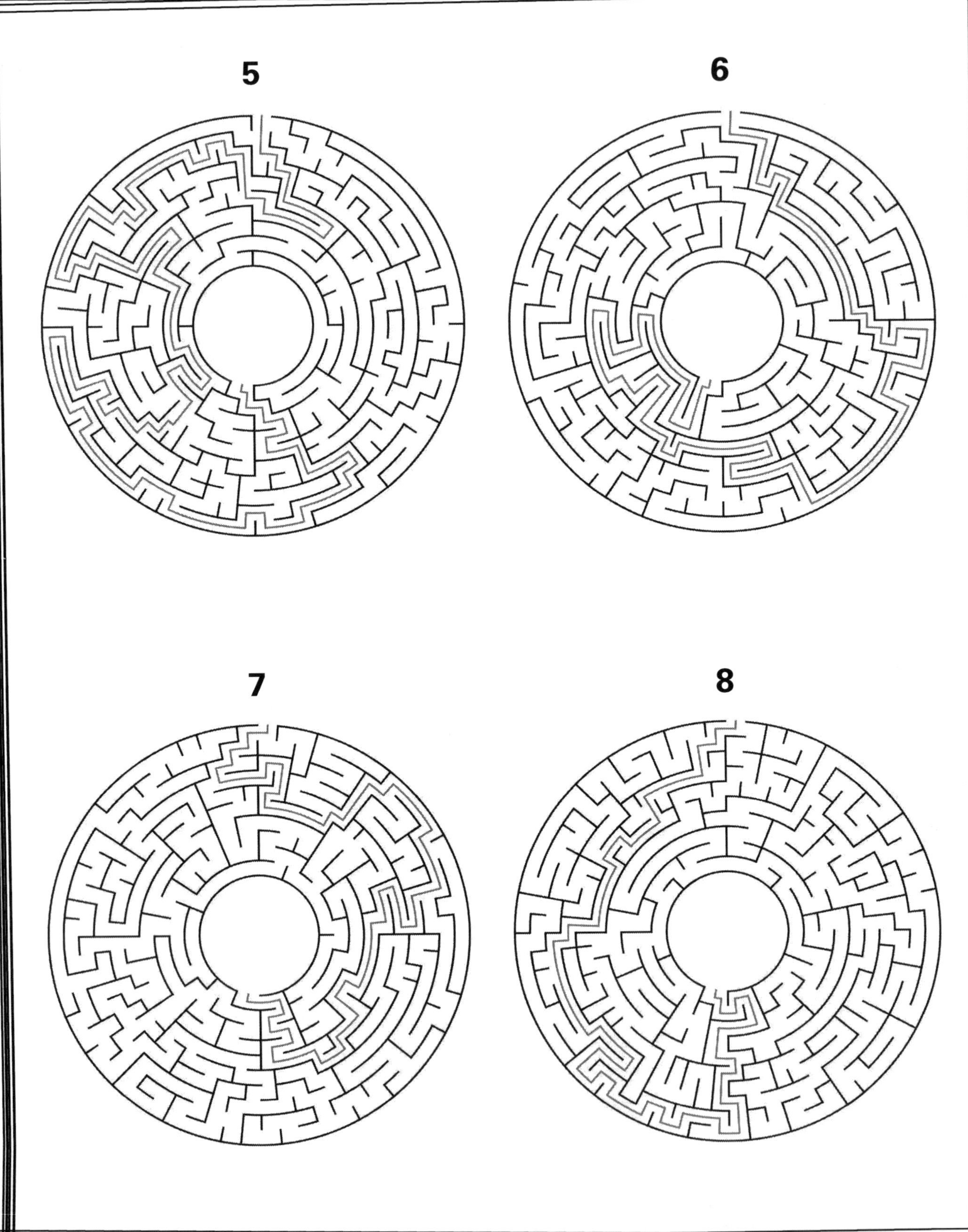

9

10

11

12

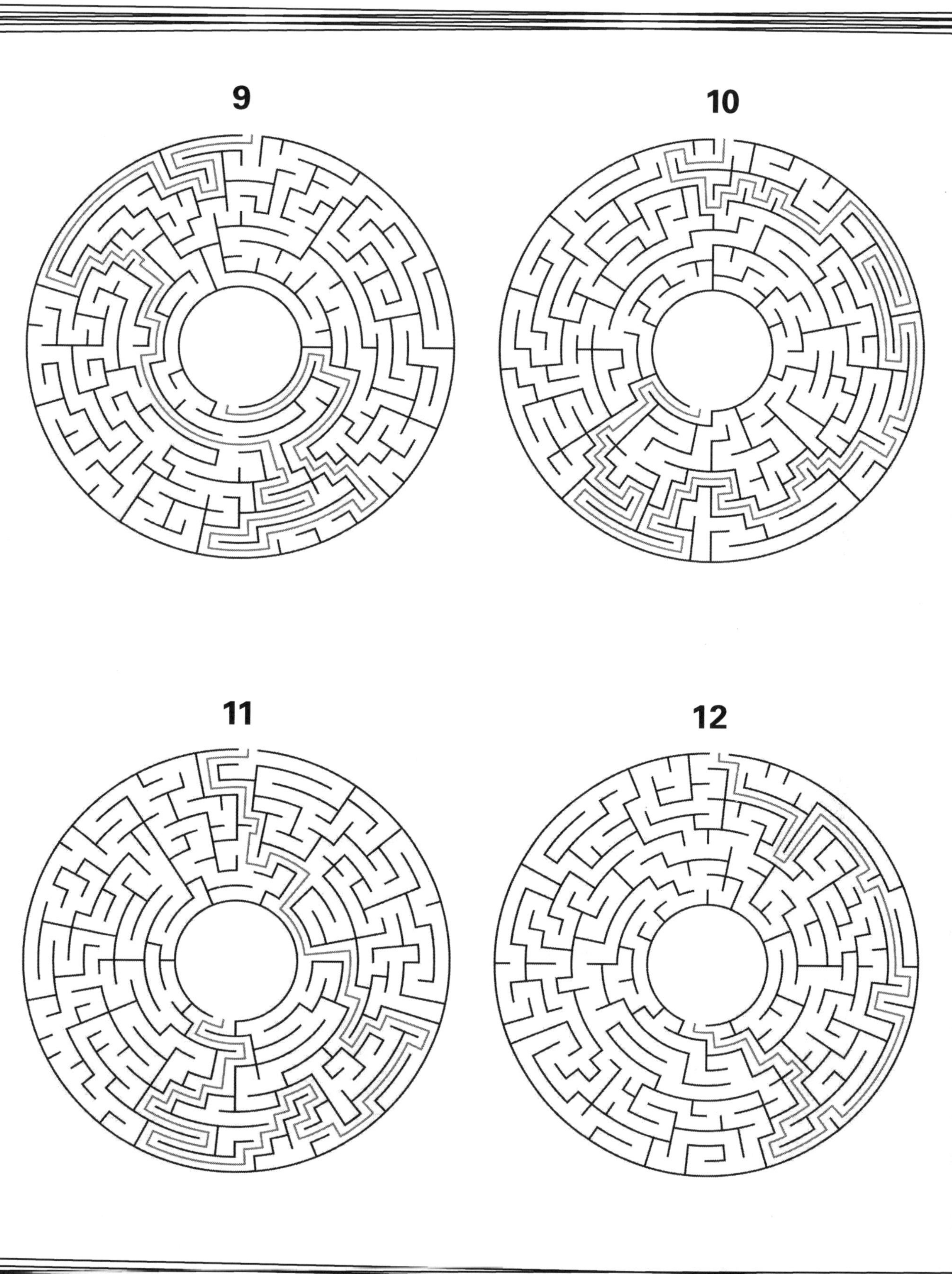

13

14

15

16

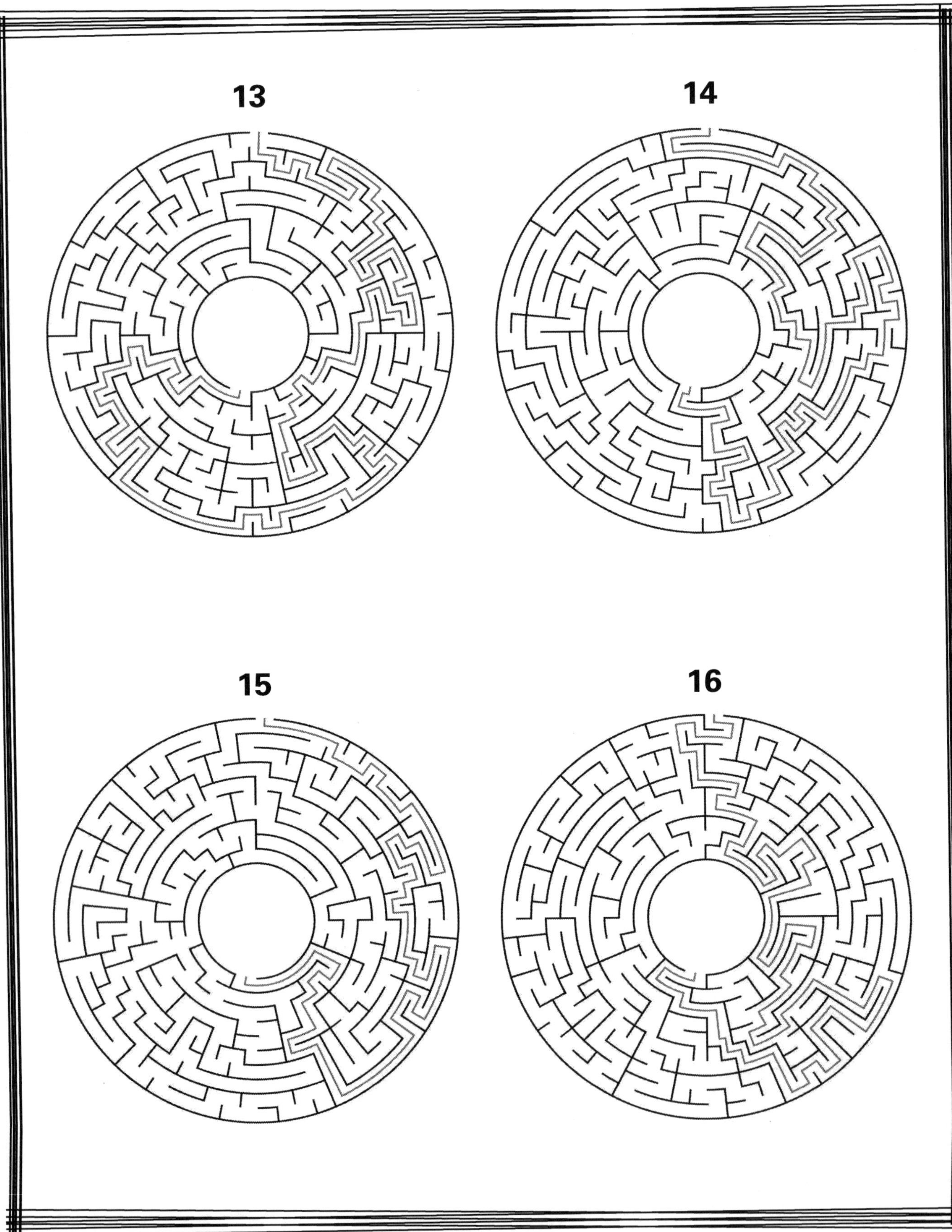

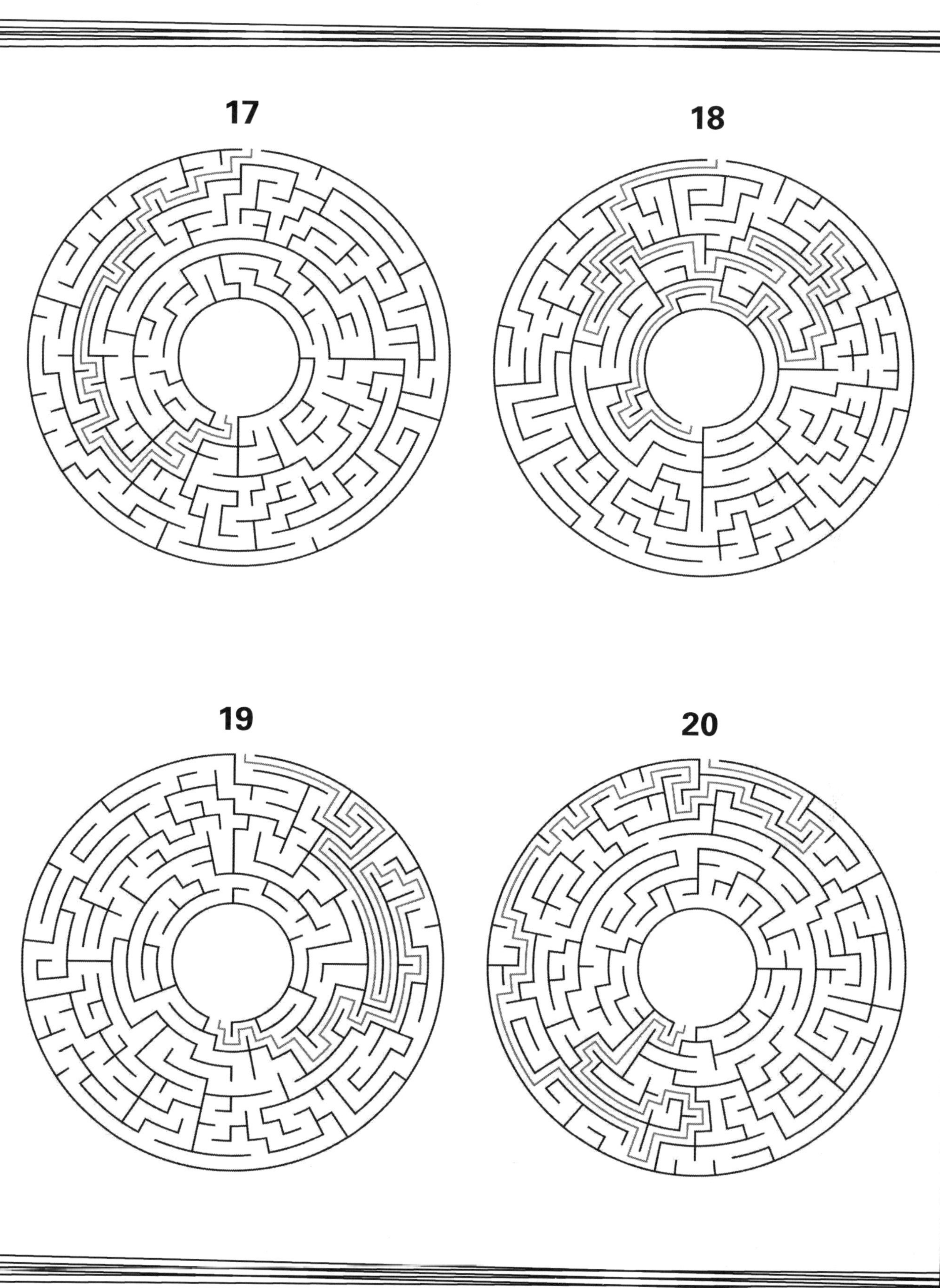

17
18
19
20

21

22

23

24

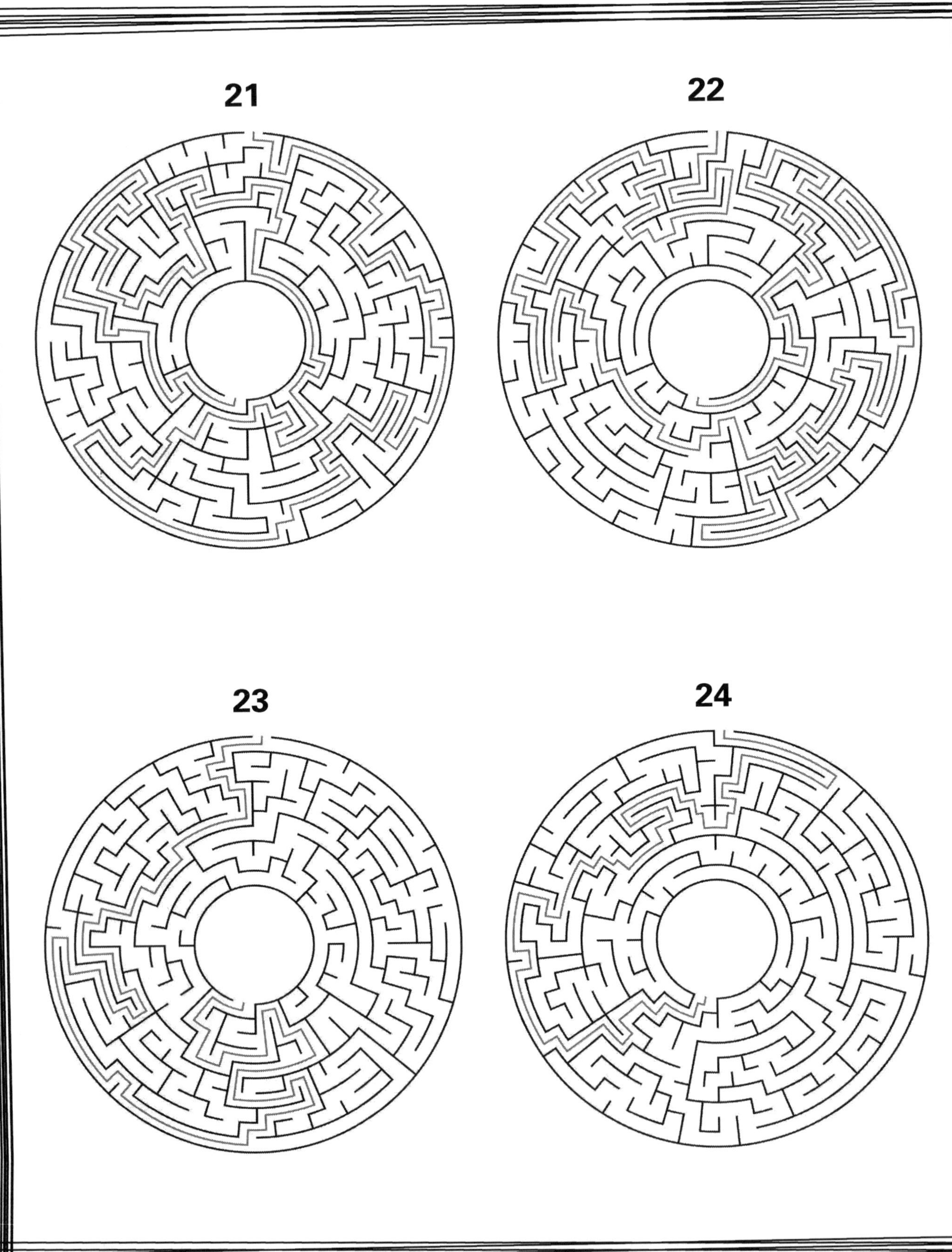

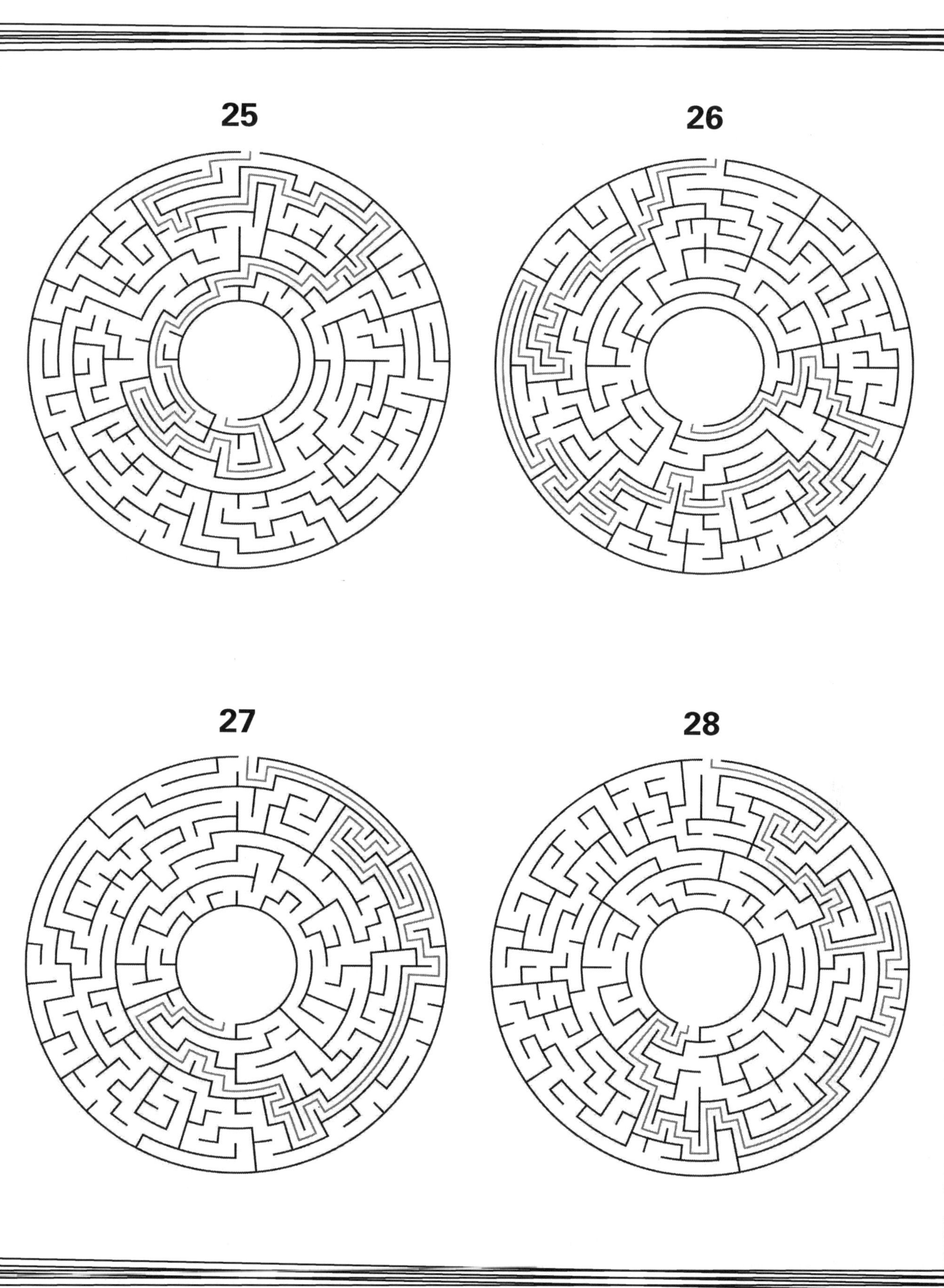
25
26
27
28

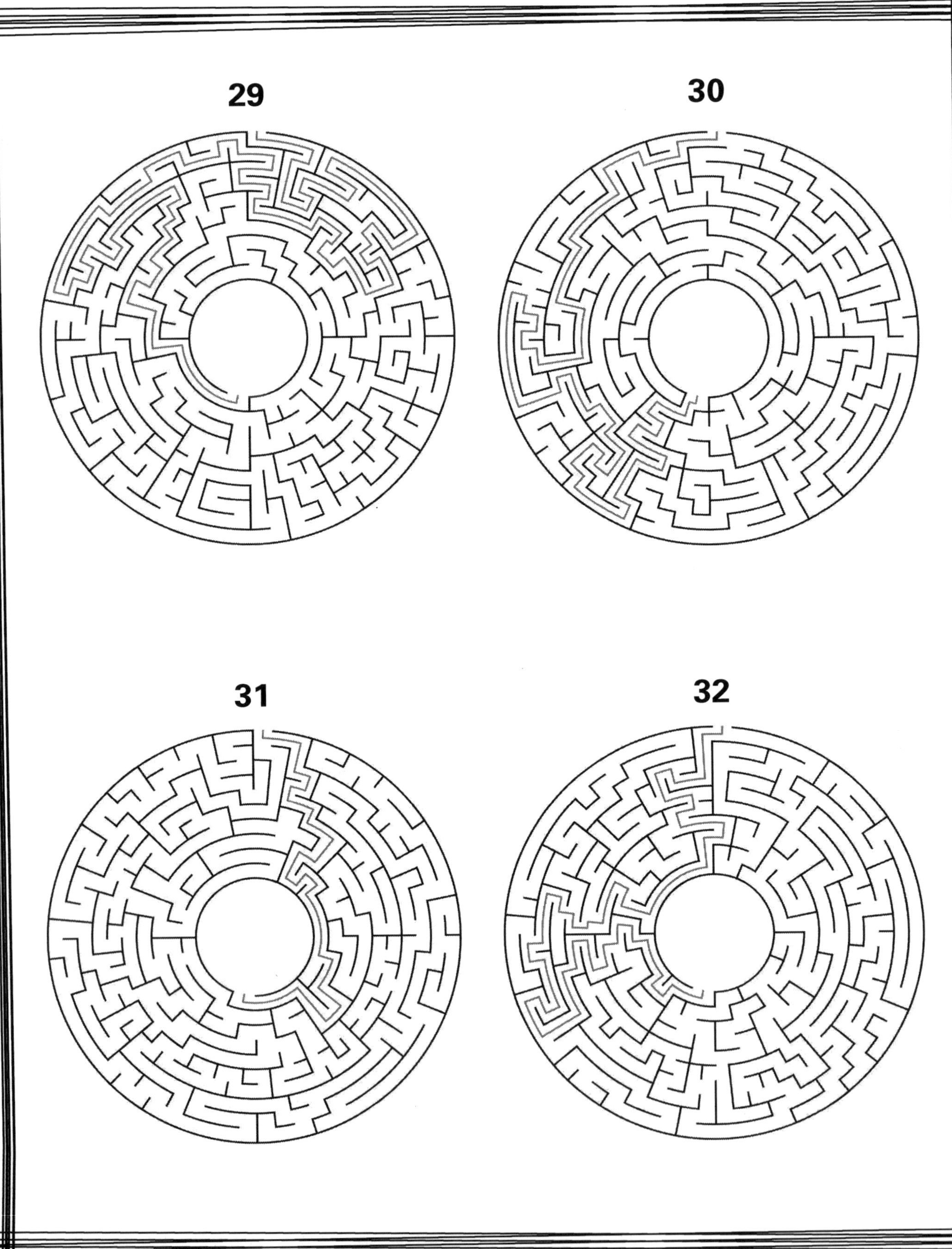

29
30
31
32

33

34

35

36

37
38
39
40

41
42
43
44

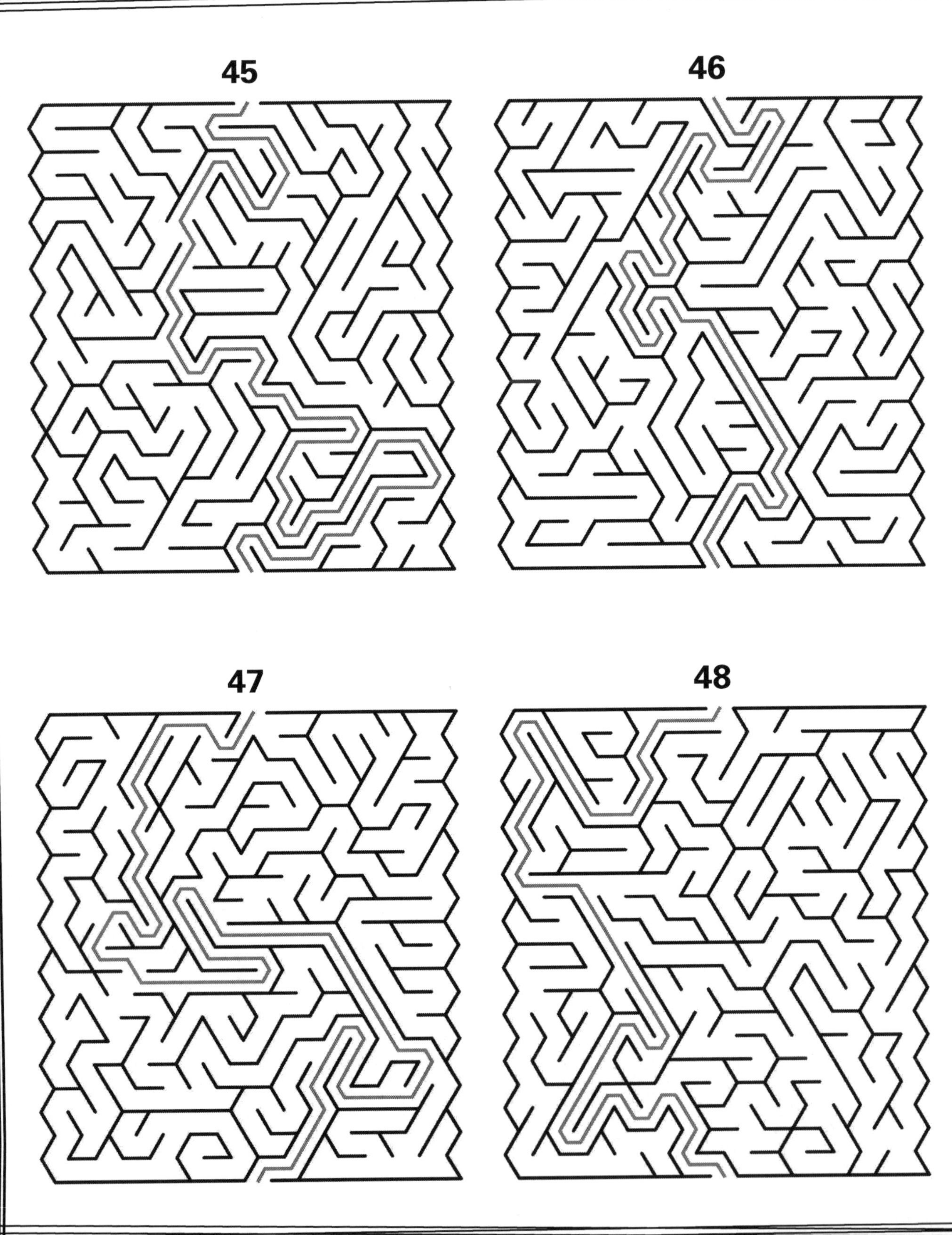
45
46
47
48

49
50
51
52

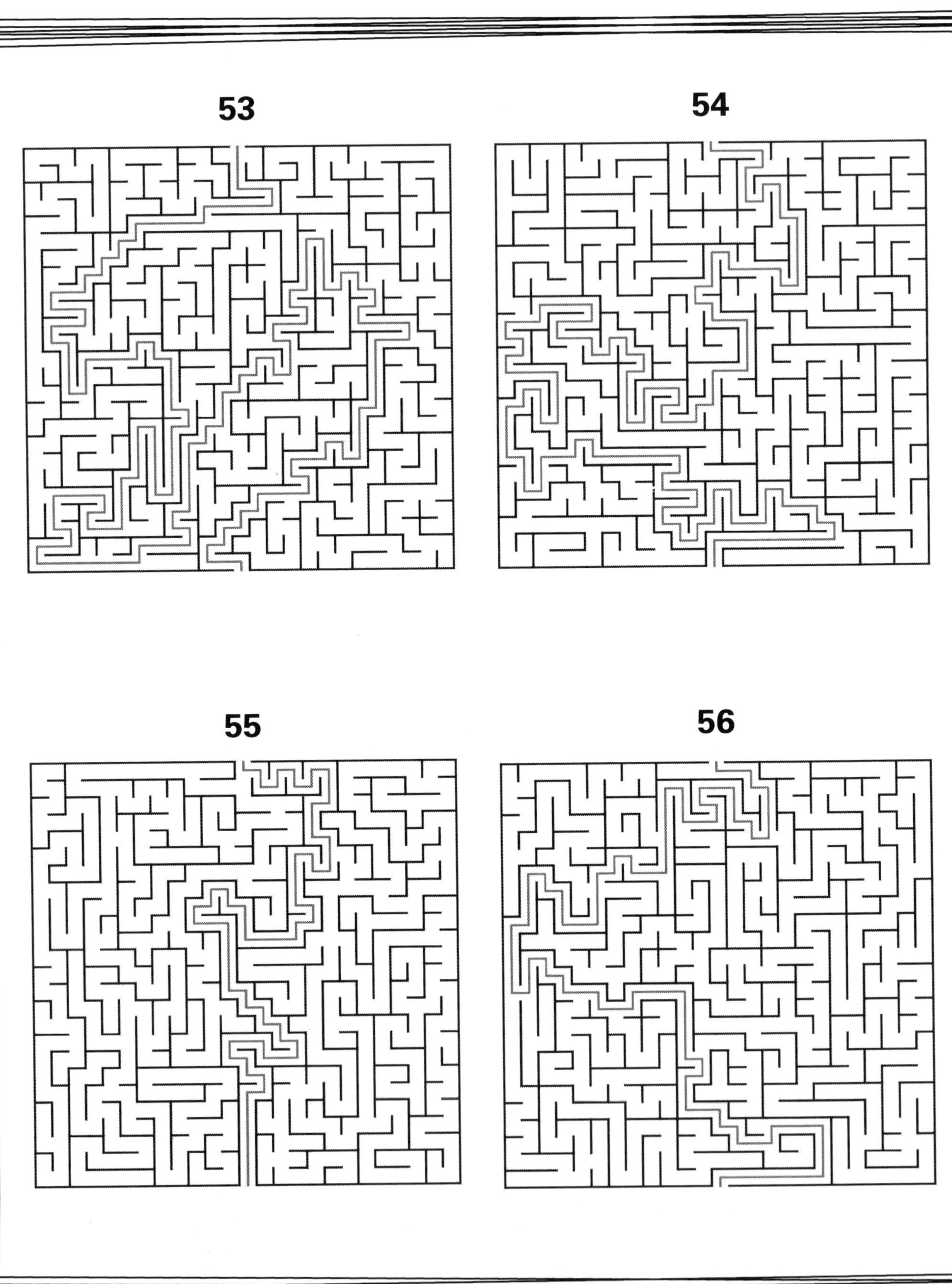

53
54
55
56

57

58

59

60

61

62

63

64

65

66

67

68

69

70

71

72

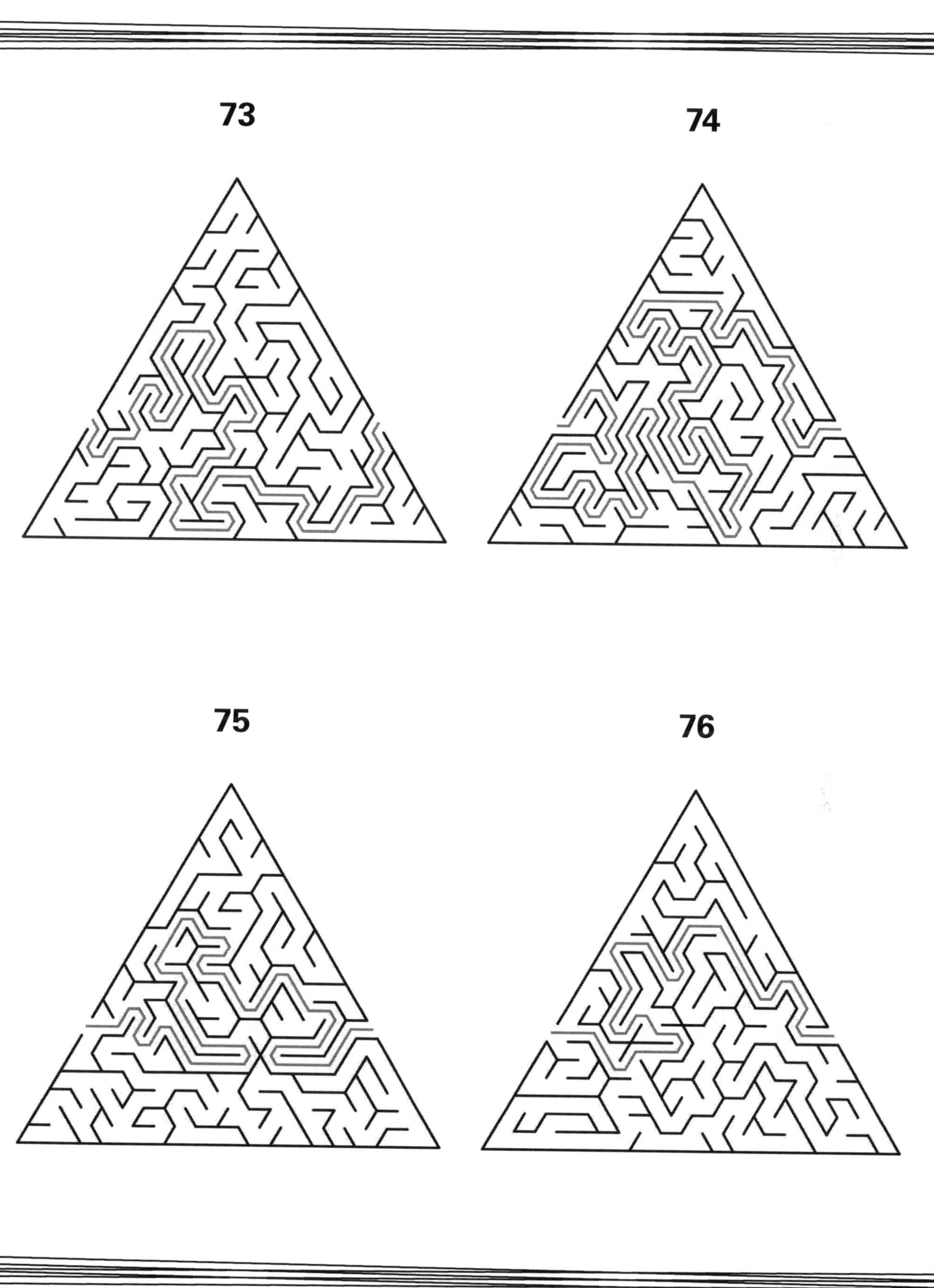

73
74
75
76

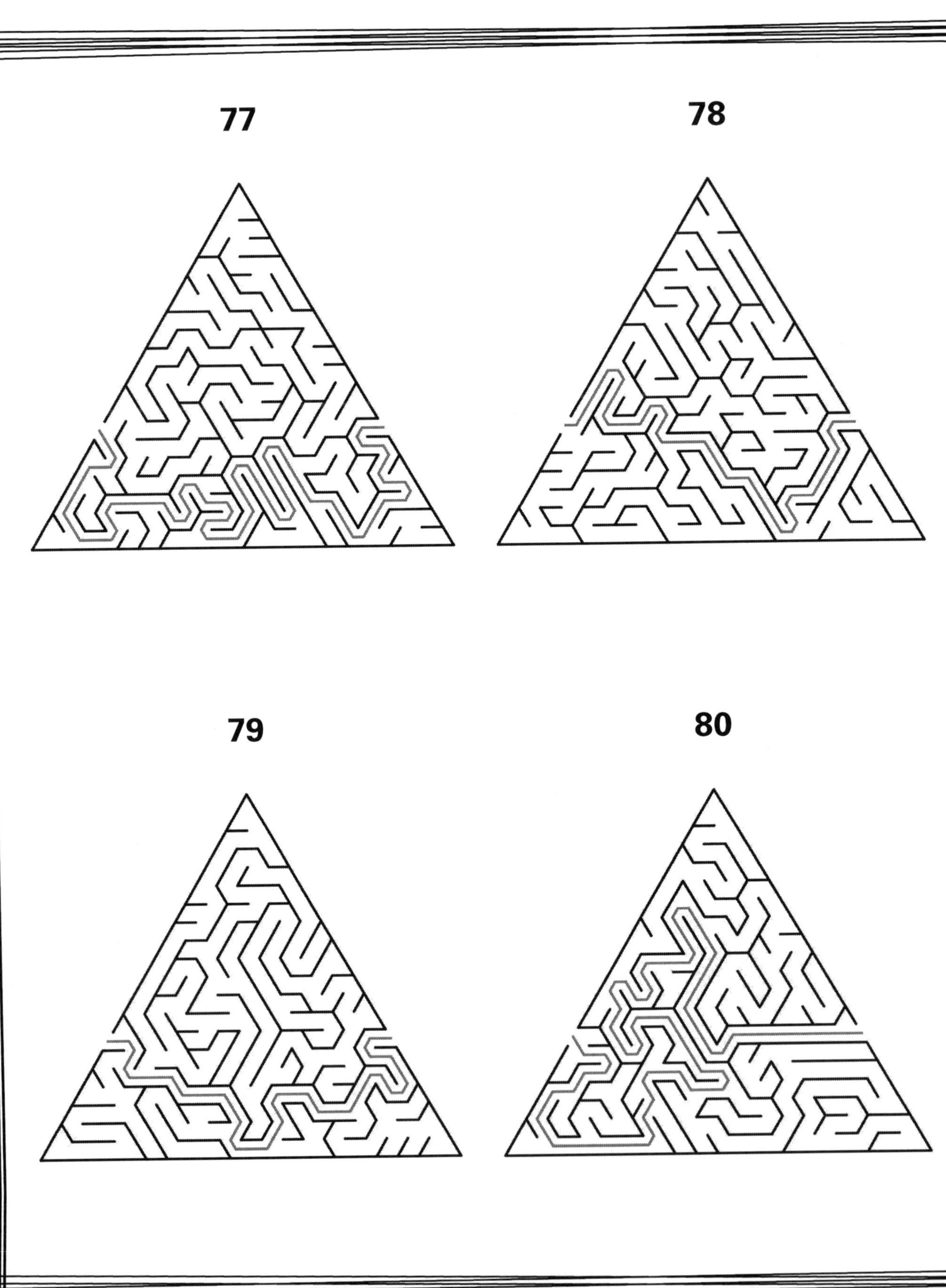

77
78
79
80

81

82

Made in the USA
Monee, IL
07 July 2026